DE L'INDUSTRIE

DE LA COCHENILLE

AUX ILES CANARIES

DE L'INDUSTRIE

DE LA COCHENILLE

AUX ILES CANARIES

PUBLIÉ PAR ORDRE DU GOUVERNEMENT

ALGER

IMPRIMERIE DU GOUVERNEMENT

1851

DE L'INDUSTRIE
DE LA COCHENILLE
AUX ILES CANARIES.

———

MÉMOIRE

DE M. BERTHELOT, VICE-CONSUL DE FRANCE A SAINTE-CROIX-DE-TÉNÉRIFFE, ADRESSÉ A M. LE MINISTRE DES AFFAIRES ÉTRANGÈRES, SUR L'ÉLÈVE DE LA COCHENILLE (NOVEMBRE 1850).

Il a fallu plusieurs années aux îles Canaries pour donner à l'industrie de la cochenille l'impulsion qui devait la lancer dans la voie d'une prospérité progressive. On eut à lutter, aux premiers débuts avec les préoccupations de l'ignorance, les méfiances et l'incrédulité des hommes routiniers. toujours mal disposés en faveur des innovations : mais un succès des plus complets et l'évidence des résultats finirent par convaincre. La culture du nopal, pour la propagation de la cochenille. prit dès-lors une très-grande extension, et des terres. auparavant sans valeur. donnèrent en peu de temps des produits qui dépassèrent tout ce que pouvaient promettre les plus riches cultures dans les années les plus fécondes. La cochenille a été une véritable providence pour un grand nombre de districts agricoles où l'aisance, le bien-être et une prospérité toujours croissante sont venus remplacer la misère et tous les maux qu'elle entraîne. Cette précieuse branche d'industrie a donné une nouvelle activité au commerce et à la navigation, et bientôt les capitaux que ce riche produit verse chaque année dans le pays, convertis en d'autres éléments de progrès, grossiront les sources de la fortune publique.

Je ne saurais mieux exciter l'émulation des cultivateurs qu'en exposant ici le tableau progressif de l'exportation de la cochenille, d'après les relevés de la douane de Ste-Croix-de-Ténériffe, depuis l'époque des premiers résultats jusqu'à la présente année.

TABLEAU de l'exportation progressive de la cochenille aux îles Canaries de 1831 à 1850.

1831 . . .	4	kil.	1841 . . .	50,283 kil.
1832 . . .	60	»	1842 . . .	37,294 1/2 »
1833 . . .	659 1/2	»	1843 . . .	39,497 »
1834 . . .	941	»	1844 . . .	69,975 »
1835 . . .	2,829	»	1845 . . .	110,675 »
1836 . . .	3,004	»	1846 . . .	116,169 »
1837 . . .	3,510	»	1847 . . .	146,247 1/2 »
1838 . . .	12,274	»	1848 . . .	186,692 1/2 »
1839 . . .	14,321	»	1849 . . .	193,259 »
1840 . . .	38,520 1/2	»		

Exportation en 1850, de janvier à septembre inclusiv., 233,374 1/2 kil.

Ainsi, l'exportation de cette année excède déjà de 4,115 1/2 kilos celle de l'année passée, mais en y ajoutant celle du dernier trimestre, dans lequel se trouve compris le mois d'octobre qui est celui de la plus forte exportation, parce qu'il réunit les contingents de la récolte la plus productive, celle de la fin de l'été, on peut estimer d'avance que l'exportation de 1850 excèdera de plus de la moitié celle de 1849.

La valeur de cette exportation, en se basant sur les derniers prix courants des marchés d'Europe, est aujourd'hui d'environ trois millions de francs.

Tout fait espérer des résultats encore plus satisfaisants pour les années successives ; plus de 72,000 kilos de cochenille ont été expédiés en Europe pendant le troisième trimestre de cette année ; chaque mois, les paquebots-postes, qui exploitent régulièrement la ligne de navigation des Canaries à Cadix, emportent 6 à 700 sacs de cochenille du poids de 50 kilos environ, qui leur produisent un frêt de plus de 3,000 fr. Aux îles de Lancerote, de Fostaventure, de Canaria et de la Palma, de même qu'à Ténériffe, la culture du nopal prend chaque jour un plus grand développement ; la petite île de Lancerote, si aride et naguère si pauvre, a exporté l'année dernière 33,250 kilos de cochenille d'excellente qualité ; sur un terrain d'un hectare, qui, auparavant, produisait à peine pour 300 fr. de soude naturelle (*barrilla*), le propriétaire a obtenu près de 400 kilos de cochenille, c'est-à-dire une récolte d'une valeur d'environ 2,400 fr., qu'il a vendue de suite et au comptant.

Ces faits suffisent pour laisser entrevoir tout ce que doivent attendre de cette riche culture les régions où la température favorise la végétation du nopal et la propagation de l'insecte. Cette propagation est assurée si la cochenille rencontre dans la sève nourricière de la plante et dans les bienfaits du climat toutes les conditions de vitalité nécessaires à son développement. Cela obtenu, elle ne réclame plus que des soins intelligents pour se multiplier à l'infini. Les dépenses qu'entraîne une nopalerie en frais de labour, en journaliers employés, les difficultés et les fatigues qui accompagnent les travaux ne sont rien comparés aux autres cultures, même en choisissant parmi les plus simples et les plus faciles. Quant à la valeur des produits, elle n'admet aucune espèce de comparaison.

Le cultivateur qui entreprend une plantation régulière de nopals, ne doit donc pas se laisser décourager par les lenteurs ou par les retards des premiers résultats de la récolte des cochenilles. Avec un peu de persévérance, la rapide propagation de l'insecte ne tardera pas à donner lieu à une multiplication de produits au delà de toutes ses espérances et qui le récompensera largement de ses avances et de ses soins.

Le Gouvernement, en me confiant le vice-consulat de France dans un pays que j'avais déjà fait connaître sous le rapport de ses productions naturelles, m'a chargé de recueillir tous les faits qui peuvent contribuer au progrès de notre agriculture, de notre commerce et de notre navigation. En acceptant cette mission, l'étude d'une industrie qu'on peut introduire avec l'espoir du succès dans nos colonies des Antilles, entrait naturellement dans le programme que je m'étais tracé d'avance des travaux utiles auxquels je pouvais consacrer quelques instants de loisir au milieu des préoccupations du service. Je crois donc remplir aujourd'hui les prévisions du ministère en rédigeant les instructions qu'on va lire. Les différentes opérations qu'exige la culture du nopal à cochenilles, les soins à prendre de ce précieux insecte pendant les diverses phases de son existence, les ennemis qui l'attaquent et dont il faut le préserver, enfin, les manipulations par lesquelles il doit passer pour satisfaire aux exigences du commerce, telles sont les connaissances spéciales que m'ont fait acquérir une longue résidence aux Canaries et l'étude pratique de l'industrie que je désire voir prospérer pour le plus grand avantage de la France.

BERTHELOT,

Vice-Consul de France à Ste-Croix-de-Ténériffe.

INSTRUCTIONS

LA CULTURE DU NOPAL

ET

L'ÉDUCATION DES COCHENILLES

MÉTHODES A SUIVRE POUR EN OBTENIR LE MEILLEUR PRODUIT DANS LES CLIMATS OÙ LA TEMPÉRATURE FAVORISE LA VÉGÉTATION DE LA PLANTE ET LE DÉVELOPPEMENT DE L'INSECTE.

———

Notions préliminaires.

1. On a prétendu que les nopals à fruits roses ou rouges étaient ceux qu'on devait préférer pour la culture et la propagation de la cochenille : c'est une erreur. Le nopal ne communique pas à la cochenille la substance colorante ; cette substance est propre à l'insecte, elle est innée en lui, elle ne provient nullement de l'espèce de nopal sur laquelle il s'est fixé, car, quelle que soit cette espèce, l'insecte contient la même quantité de substance de même nature, quant à la qualité et à la couleur. A cet égard le nopal à cochenille de Linnée (*cactus coccinilifer*) est une espèce assez mal nommée, car ses raquettes ou feuilles articulées offrent l'inconvénient de ne pas contenir assez de sève pour la nourriture de l'insecte. L'expérience a démontré que les nopals à épiderme ou parenchyme fin, tendre, à feuilles très-charnues, juteuses et le plus dépourvues d'épines, seront très-propres au développement de la cochenille.

2. Le nopal cultivé aux Canaries est l'espèce désignée, par les botanistes, sous le nom de *cactus funa* que les habitants de ces îles

appellent vulgairement *funera* (1); ses fleurs sont d'un jaune orangé et ses fruits à pulpe sont d'un vert blanchâtre.

3. On a introduit, depuis quelque temps à Ténériffe, une autre espèce de nopal qu'on commence à cultiver avec succès pour la multiplication de la cochenille, c'est le *cactus moniliformis* qui s'allonge en tiges à feuilles articulées par séries et atteint l'élévation d'un arbuste de moyenne grandeur; ses raquettes, d'un vert foncé, sont plus petites que celles du *cactus funa* et de ses analogues; ses épines agglomérées sont soyeuses et presque rudimentaires; le duvet velouté qui couvre ce nopal le rend très-propre à fixer les jeunes cochenilles, qui trouvent, en outre, sur ses feuilles tendres et remplies d'une sève abondante, l'aliment qui leur convient. Toutefois la culture de cette espèce n'est pas encore assez généralement répandue pour que je puisse assurer si elle est réellement préférable à celle de la *funera*, sous le rapport du produit: il faut qu'une plus longue expérience justifie cette préférence. Les premiers essais ont été sans doute très-remarquables, car ces nopals se sont couverts. en très-peu de temps, d'une telle quantité de cochenilles qu'ils en ont été épuisés, au point qu'il a fallu renouveler les plantations. Il est vrai que leur croissance est des plus rapides et qu'on peut les ensemencer de cochenilles au bout d'une année. Peut-être qu'en procédant par sémination (v. plus bas, 34) et replantations alternatives, sur un terrain divisé en deux nopaleries, on pourrait obtenir des récoltes plus abondantes encore qu'avec le *cactus funa*.

De la plantation d'une nopalerie.

4. Pour établir une plantation de nopals d'une manière régulière et profitable, il convient d'opérer sur un terrain meuble d'un bon fonds et de pouvoir disposer d'une certaine quantité de plantes déjà bien développées, c'est-à-dire de trois ou quatre ans, afin d'en tirer les raquettes dont on a besoin pour former sa plantation. On disloque ces plantes de nopals à leurs articulations qui, ainsi séparées par tronçons d'une, de deux et même de trois raquettes, suivant la vigueur des plantes mères, doivent rester sur le terrain pendant quatre ou cinq jours, afin de laisser cicatriser les feuilles à l'endroit où elles ont été détachées de la tige, en ayant soin de les

---

(1) Cette espèce a de grandes analogies avec le *cactus opuntia* et le *cactus ficus indica*. En général tous les nopals de la section des *opuntiæ* peuvent nourrir la cochenille; la culture leur fait perdre leurs épines ou du moins diminue leur grosseur et leur nombre, en les réduisant presque à l'état rudimentaire.

retourner chaque jour, pour les conserver plates ou sans courbures. On les plante ensuite au cordeau, à la distance de deux mètres l'une de l'autre, en les plaçant dans une direction verticale et de manière que les surfaces des feuilles ou raquettes soient parallèles au sillon. Ces raquettes doivent être enterrées par la cicatrice jusqu'au deux tiers de la base de l'articulation qui forme le pied du jeune plant. On doit aussi laisser entre chaque rangée la distance d'environ deux mètres.

5. Il faut avoir soin, en disposant une plantation, que les raquettes aient une de leurs surfaces tournée du côté des vents régnants, parce que les pluies étant plus fréquentes dans cette direction, les raquettes ne seront pas exposées à avoir les deux côtés lavés à la fois.

6. Dans les terres meubles et fraîches, on peut, en général, former ces plants avec des tronçons de deux ou trois articulations; mais, dans les terrains secs et plus arides, il convient de ne planter qu'une seule raquette qui, n'ayant pas alors à en alimenter d'autres, pousse bientôt des bourgeons vigoureux.

7. On ne doit commencer à garnir les jeunes plantes de cochenilles qu'à la troisième année de leur plantation, car elles n'ont acquis qu'à cette époque la robusticité nécessaire aux fonctions qu'elles vont remplir.

8. L'automne est la meilleure époque pour commencer une plantation. Une fois la nopalerie formée, il faut que le terrain soit sarclé à la main, avec soin, autour des plants et à la pioche entre chaque rangée, mais superficiellement et de manière à ne pas maltraiter les racines.

9. Les nopals n'ont pas besoin d'arrosage lorsqu'ils sont plantés dans une terre de fonds assez fraîche; les pluies leur suffisent. Mais, dans les terres sèches et sablonneuses, les irrigations leur sont nécessaires de mois en mois et même plus souvent, si on le juge utile. On peut, du reste, toujours reconnaître si les plantes ont besoin d'eau : c'est lorsque les raquettes commencent à se flétrir et qu'elles sont flasques et pendantes. Toutefois, l'arrosage doit être modéré, car trop d'humidité pourrirait bien vite le pied des nopals.

10. Lorsque les nopals commencent à entrer en sève, des bourgeons ne tardent pas à se développer sur les bords des raquettes. Ces bourgeons donnent naissance à de nouvelles feuilles articulées ou à des fruits connus sous le nom de pommes-raquettes ou figue d'Inde. Aussitôt que le cultivateur d'une nopalerie à cochenilles peut faire la différence entre ces deux espèces de bourgeons, il doit supprimer ceux à fruits qui croîtraient au détriment des autres, en s'emparant d'une partie de la sève qui doit les nourrir et servir ensuite d'aliment aux jeunes insectes.

11. Une plantation de nopals bien entretenue peut durer environ huit ou dix ans. Il convient, à cet effet, de tailler les plantes chaque année, vers la fin de l'automne ou au commencement de l'hiver. Cette opération se réduit à séparer de chaque nopal toutes les raquettes trop épuisées par les générations successives de cochenilles qui s'en sont nourries. Cet épuisement se reconnaît à la flétrissure des raquettes, à la couleur jaunâtre qu'elles ont acquise, aux rides qui couvrent leur épiderme, en un mot, à leur aspect pâle et rachitique. La séparation se fait à l'articulation des raquettes. Les nopals, soulagés par cette opération, poussent bientôt des bourgeons vigoureux qui se développent en autant de nouvelles feuilles, toutes prêtes à recevoir des jeunes cochenilles.

Du mode de procréation de la cochenille.

12. Les jeunes cochenilles naissent toutes de même grandeur et de même forme. Elle ne tardent pas à se fixer, au moyen de leur suçoir, sur le point de la feuille du nopal où elles doivent achever leur existence ; mais la nature, pour assurer la reproduction de l'espèce, opère une métamorphose sur un certain nombre de ces insectes. Ceux qu'elle réserve, à cet effet, dans son admirable prévision, après avoir parcouru environ un tiers de leur vie sur la plante où ils s'étaient fixés, s'enveloppent dans un petit cocon cylindrique, formé de duvet blanc, qui couvre les cochenilles, comme une poussière glauque, pendant tout le temps de leur existence et qui reste adhérente à leur corps même après la dessication. C'est dans ces petits cylindres, qui restent attachés sur les feuilles des nopals, que s'opère la métamorphose par la transformation des cochenilles en petits insectes ailés, de la forme de certains moustiques, d'un blanc rosé ou cendré, avec deux antennes sur le devant de la tête et deux appendices plumeux vers la partie postérieure du corps : ce sont les mâles, ils apparaissent de cinquante à soixante-dix jours après la sémination ; on les voit voltiger autour des femelles pour les féconder, puis disparaître pour aller mourir au loin, dispersés par les vents.

13. Pour conserver les petits cocons cylindriques qui renferment les mâles, il convient, lorsqu'on nettoie les nopals ou qu'on recueille la cochenille, de ne pas enlever toute la poussière cotonneuse qui couvre les feuilles, car c'est parmi cette poussière que se trouvent fixés les cocons qu'il faut laisser subsister jusqu'à ce que la transformation de l'insecte se soit opérée et que les mâles aient rempli leurs fonctions. Mais il est très-important d'enlever de dessus les nopals toutes les toiles d'araignées qui s'y fixent, parce que la

fécondation serait manquée, si les mâles des cochenilles se trou‑
vaient pris dans ces toiles, au moment de sortir de leur enveloppe.

Des instruments nécessaires à la récolte de la cochenille.

14. On emploie pour détacher les cochenilles de dessus les
raquettes ou feuilles des nopals où elles sont fixées, une espèce
de petite cassolette en fer-blanc, pourvue d'un manche ou queue.
On donne ordinairement à ce petit instrument 9 centimètres de
diamètre et 12 centimètres de haut, et l'on a soin de s'en procurer
aussi avec le manche un peu plus long, afin de pouvoir atteindre,
sans se blesser, jusqu'aux raquettes les plus éloignées, malgré
l'entrelacement des tiges des nopals.

15. On se sert ausssi avec succès d'autres cassolettes triangu‑
laires et de cuillers à longs manches à demi couvertes dans la
partie adhérente à la queue. celles-ci facilitent la cueillette sur les
feuilles des nopals que l'on ne peut atteindre avec la cassolette.

Des séchoirs.

16. Les séchoirs sont des espèces de carrés longs ou tiroirs de
bois de huit centimètres de haut. sur un mètre de long et environ
75 centimètres de large. Ils sont destinés à deux usages :
1° pour recueillir et conserver les cochenilles-mères, pendant tout
le temps de la sémination ou de la ponte (v. plus bas 34) ; 2° pour
faire sécher les cochenilles exposées au soleil et à l'air libre. Dans
ce second cas, les cochenilles doivent être préalablement étouffées
comme je l'expliquerai bientôt.

17. Lorsque les séchoirs sont destinés à sécher les cochenilles,
les insectes qui les remplissent ne doivent former qu'une couche
de quatre à six centimètres au plus d'épaisseur. Il faut alors avoir
soin de remuer chaque jour les cochenilles ainsi entassées, afin que
la vapeur humide qu'elles exhalent, en séchant durant les premiers
jours. ne les moisisse pas. Cette humidité les réunit parfois en
pelottes dont il faut éviter la formation, car les cochenilles ainsi
agglomérées, et qu'il est nécessaire de séparer, perdent alors la
couleur argentée qui les distingue.

18. Lorsqu'au contraire les séchoirs sont destinés à recevoir les
cochenilles-mères dont on veut se servir pour la sémination des
nopals. la couche d'insectes ne doit être que de quinze millimètres.

Des étouffoirs à cochenilles.

19. Pour sécher la cochenille, il faut avant tout qu'elle soit étouffée. Cette opération est des plus importantes, car elle empêche l'éclosion des jeunes cochenilles, la plupart de celles qui ont été récoltées sur les nopals étant parvenues au dernier terme de leur développement ne tarderaient pas de produire une nouvelle génération, si on les laissait vivre une journée et même quelques heures de plus, après avoir été détachées de la plante, et cette génération de cochenilles prendrait naissance en pure perte , car elle périrait à l'instant et se réduirait en une poussière qui disparaîtrait au tamisage (v. plus bas, 52). D'autre part les cochenilles-mères qui auraient eu le temps de faire leur ponte , perdraient en poids tout celui des jeunes cochenilles qu'elles auraient produites. Il importe donc qu'elles soient étouffées avant cette dernière phase de leur existence.

Des différentes manières d'étouffer et de sécher la cochenille.

20. Plusieurs méthodes sont en usage pour étouffer ou pour sécher la cochenille ; j'indiquerai celles que l'expérience m'a fait reconnaître comme les plus promptes, les plus faciles et les moins dispendieuses.

Pour étouffer et sécher à la fois la cochenille dans des boîtes vitrées.

21. On réunit les cochenilles , fraîchement cueillies , dans des boîtes pareilles aux séchoirs que j'ai indiqués plus haut, mais qui, au lieu d'être découverte à leur partie supérieure, se ferment à volonté par un châssis à coulisse. Ce couvercle se compose d'une vitre encadrée sur ses bords. Six boîtes à châssis vitrés, de la même dimension que j'ai donnée aux séchoirs, suffisent pour étouffer plus de quinze kilogrammes de cochenille fraîche. Lorsque les cochenilles que l'on veut étouffer ont été réunies dans ces boîtes, on pousse les châssis, afin qu'elles restent hermétiquement fermées, et on les expose au soleil. En quelques minutes, toutes les cochenilles sont étouffées par asphyxie. S'il n'est pas nécessaire de répéter la même opération sur d'autres cochenilles fraîches, on peut les laisser tout le jour dans les boîtes, mais, dans ce cas, il faut avoir soin d'enlever de temps en temps la vapeur aqueuse qui se dépose en grosses gouttes contre la vitre du châssis, ce qu'on opère, en retirant le

châssis avec précaution, pour éponger aussitôt, avec un linge, toute l'eau attachée à la vitre qui pourrait avarier la cochenille, si elle retombait dans la boîte. Après avoir répété deux ou trois fois cette opération, à courts intervalles, on peut ensuite remettre le châssis, mais de manière seulement que la boîte ne reste pas entièrement fermée. Un demi-pouce (quinze millimètres) d'ouverture suffit pour que l'évaporation s'opère alors naturellement, sans qu'il soit besoin d'éponger la vitre, qui ne sert plus qu'à produire dans la boîte une chaleur rayonnante qui accélère la dessication de l'insecte.

Pour passer la cochenille étouffée dans les séchoirs.

22. Lorsque la récolte de la cochenille est très-abondante et ne permet pas de tout sécher dans les boîtes à châssis, on vide successivement les cochenilles dans les séchoirs ordinaires que l'on expose au soleil et qu'on a soin de retirer avant l'heure du serein, pour les déposer pendant la nuit dans une chambre ou un grenier bien sec et aéré.

Précautions à prendre pour sécher la cochenille.

23. La dessication de la cochenille ne doit pas s'opérer complètement au soleil, parce que son racornissement excessif, en diminuant beaucoup son volume, lui ferait trop perdre de son poids et lui donnerait un mauvais aspect qui pourrait la faire déprécier à la vente. Il convient donc de laisser la dessication s'achever à l'ombre, à l'air libre ou dans une pièce bien *ventilée.*

24. Pendant tout le temps que la cochenille reste exposée dans les séchoirs, il faut avoir soin de la remuer de temps en temps, soit pour accélérer la dessication des insectes de la couche inférieure, soit pour les empêcher de s'empâter dans le fond de la boîte par l'effet de l'humidité concentrée.

Pour étouffer la cochenille dans des vases de verre.

25. J'indiquerai, avant de terminer cet article important, deux autres méthodes non moins économiques, pour étouffer la cochenille, avant de la vider dans les séchoirs. La première consiste à verser les cochenilles fraîchement recueillies dans des vases de verre qui ferment hermétiquement et qu'on remplit jusqu'au bord. Vingt-quatre heures suffisent pour étouffer toutes les cochenilles contenues dans un bocal qui peut en renfermer 3 ou 4 kilos.

Pour étouffer au four.

26. La seconde méthode est celle du four. On place la cochenille fraîche dans des espèces de plats longs en terre cuite, sans vernis, de 50 centimètres environ de longueur sur 35 centimètres de large, à fond plat et à bords relevés. La couche de cochenille que l'on met sur ces plats ne doit pas dépasser un pouce et demi (4 centimètres). On place les plats ainsi remplis dans un four chauffé à la chaleur nécessaire pour sécher le pain, et dont on s'assure, en pouvant maintenir la main dans le four pendant une minute, sans éprouver une trop forte chaleur. Les plats doivent être disposés sur tout le plan du four, et si cet espace ne suffit pas, on place les autres en travers sur les premiers et ainsi de suite, en formant plusieurs séries. Deux heures après, on les sort pour remuer et retourner légèrement les cochenilles qu'ils contiennent, afin que la vapeur humide qu'elles exhalent ne les empâte pas dans le fond des plats. Après cette première opération, on introduit de nouveau les plats dans le four, ayant soin de placer au premier plan ceux qui occupaient les derniers et *vice versà*. Deux heures après on les retire, et l'on peut alors verser les cochenilles dans les séchoirs, pour terminer la dessication au soleil et à l'air libre.

Pour sécher à l'étuve.

27. Il est encore un autre moyen d'accélérer la dessication, lorsqu'on opère sur une nopalerie d'un grand rapport, c'est de sécher les cochenilles à l'étuve.

L'étuve à cochenille est une petite chambre d'environ trois mètres carrés, sur autant de hauteur. Un poêle en fonte se trouve placé dans l'intérieur, mais de manière à ce qu'il puisse être alimenté du dehors. Les murs de l'étuve sont garnis en dedans de montants ou supports sur lesquels on place les séchoirs à cochenille, qui, dans ce cas, ne doivent avoir que l'encadrement en bois, et le fond en étamine, afin que la chaleur pénètre mieux toute la couche de cochenille. Il faut entretenir dans l'étuve une chaleur de 38 degrés centigrades, ce qu'il est facile de régler avec un thermomètre intérieur placé contre la porte de l'étuve, et à l'endroit où l'on a pratiqué une rainure vitrée, qui permet de reconnaître du dehors l'état de la température intérieure sur l'échelle thermométrique.

Quarante-huit heures suffisent pour sécher 500 kilos de cochenille et plus encore. Mais je dois faire observer que la cochenille séchée à l'étuve n'a jamais une aussi belle apparence, et rend comparativement moins en poids que celle séchée au soleil par la méthode que j'ai indiquée plus haut. Il est généralement reconnu que la cochenille étuvée donne une perte d'une once et même d'une once et demie par livre. Ainsi, l'étuve n'est réellement utile et presque indispensable que pour sécher la cochenille en temps pluvieux et humides ; encore conseillerai-je toujours de ne pas s'en servir pour compléter la dessication, et d'achever de faire sécher les cochenilles dans un grenier bien sec. dès quelles ont perdu dans l'étuve leur plus forte humidité.

Des soins à prendre de la cochenille depuis sa naissance jusqu'à son entier développement.

28. Lorsque la cochenille est arrivée au dernier terme de son développement, elle est alors de la grosseur d'une tique de moyenne grandeur. A partir de sa naissance, elle met, suivant l'exposition de la nopalerie, de 75 à 90 jours, en été, pour arriver à cet état, et de 100 à 120, jours pendant l'hiver. C'est alors qu'elle est prête à donner naissance à une nouvelle génération. On reconnaît sa disposition à la ponte aux filaments ou barbilles qui commencent à se développer à la partie inférieure et postérieure de son corps et qui d'abord blancs, acquièrent peu-à-peu une teinte violacée et parfois opaque. Dans quelques insectes, ces filaments ne changent pas de couleur, mais un renflement se manifeste à la partie postérieure du corps, qui se garnit de petits poils raides et comme triés. Les cochenilles sont alors dans l'état convenable pour être enlevées de dessus la plante, afin de les faire servir à la sémination, c'est-à-dire à réproduire pour peupler les nopals.

29. L'état hygrométrique de l'atmosphère et celui de la température ont beaucoup d'influence sur le développement de l'insecte. Si la saison est humide, les cochenilles croissent lentement. et leur faiblesse retarde l'instant de la ponte ; tandis que, dans la saison chaude, leur croissance est beaucoup plus rapide et leur reproduction beaucoup plus prompte.

30. Le cultivateur doit donc, dès le principe, mettre tous ses soins à bien remarquer les approches de la ponte, jusqu'à ce l'expérience lui ait appris à saisir l'instant favorable pour enlever les cochenilles pleines et prêtes à reproduire. Du reste, les premières cochenilles-mères qui feront leur ponte sur la plante, lui indiqueront naturellement que toutes celles qui son parvenues à la même grosseur et présentent la même apparence. ne peuvent tarder à

reproduire ; car l'épiderme des raquettes se couvrira de couvain en certains endroits, c'est-à-dire d'une multitude de petits insectes pareils à des points cotonneux qu'il verra courir çà et là, pour s'arrêter ensuite à l'endroit où ils doivent rester, fixés pendant tout le temps de leur existence.

31. En règle générale, si l'on veut que les plantes d'une nopalerie, qui va donner une première récolte de cochenille restent garnies ou ensemencées pour la saison suivante d'une nouvelle génération d'insectes, il ne faut détacher aucune cochenille avant d'être bien certain qu'un assez bon nombre de mères ait déjà pondu. Mais, si l'on a besoin d'ensemencer de nouveaux plants, il faut, avant la ponte et aux approches de la reproduction, détacher des nopals les cochenilles-mères dont on veut se servir pour la sémination.

Récolte de la cochenille.

32. Dans ce second cas, on emploie un jeune garçon (1) des plus adroits, pour parcourir les deux côtés d'une rangée de nopals et détacher délicatement avec la petite cassolette ou la cuiller à bec, les cochenilles les plus robustes, dont les filaments plus saillants et plus opaques apparaissent vers la partie postérieure du corps, qui, elle-même, se montre plus déprimée et comme ridée : la couleur un peu plus foncée de ces cochenilles-mères est aussi une bonne indication.

33. Le jeune garçon employé à enlever ces cochenilles doit être suivi de deux autres qui ramassent toutes les cochenilles que le premier n'aura pas recueillies, en tant du moins qu'elles soient parvenues au dernier terme de leur développement. Celles-ci seront celles qu'on étouffera pour faire sécher.

De la sémination ou ensemencement de la cochenille.

34. Les cochenilles destinées à la sémination pour peupler de nouveaux plants de nopal, doivent être réunies dans des tiroirs en bois sans couvercle, de la forme des séchoirs ; la quantité de nopals qu'on veut ensemencer détermine celle des cochenilles-mères

---

(1) On emploie des femmes aux îles Canaries pour toutes les opérations relatives à la récolte de la cochenille ou à la sémination des nopals, mais il serait bien plus avantageux de charger de ce soin de jeunes garçons intelligents, car les femmes perdent beaucoup de cochenilles en froissant avec leurs jupes les feuilles de nopals.

nécessaires. La couche d'insectes réunis dans les tiroirs ne doit pas dépasser un pouce (27 millimètres) d'épaisseur. On place alors sur cette couche de cochenilles et sur les bords des tiroirs de petits morceaux de toile de coton (la couleur est indifférente et l'on peut employer du vieux linge ou de la toile neuve, pourvu qu'elle soit souple et cotonneuse). Les morceaux doivent avoir à peu près la grandeur d'un quart de feuille de papier à cloche; si l'opération s'exécute de bon matin, on peut déjà enlever les morceaux de chiffon vers midi et on les réunit tous avec soin dans un autre tiroir vide pour les transporter à la nopalerie qu'on veut ensemencer. Ces chiffons ou morceaux de pièce se trouvent couverts alors d'une multitude de petits points noirs et cotonneux, qui sont autant de jeunes cochenilles. On fixe chaque chiffon sur une des faces de chaque raquette, en les assujétissant aux quatre coins au moyen d'épingles ou d'épines de nopals dont on a eu soin de se munir.

35. Les tiroirs d'où l'on a enlevé les chiffons avec le couvain sont ensuite recouverts de nouveaux chiffons, qu'on peut retirer vers le soir, pour continuer l'ensemencement de la nopalerie. On poursuit le jour suivant la même opération, et pendant cinq jours consécutifs, s'il est nécessaire. Après cela on étouffe les cochenilles-mères et on les sèche commes les autres.

36. Si l'on craint de ne pas avoir assez de cochenilles-mères pour ensemencer une nopalerie, on peut poursuivre l'opération de l'ensemencement, par chiffons pendant huit jours, et recueillir ensuite dans des nids toutes les mères dont on s'est servi. Ces nids à cochenilles se forment avec des morceaux de canevas à mailles assez larges pour que les petits insectes puissent passer à travers en naissant. Chaque morceau de canevas doit avoir environ quatre pouces carrés (dix centimètres). On place au milieu un certain nombre de cochenilles-mères et l'on réunit ensuite les quatre coins en forme de sac, qu'on assujétit au moyen d'une épine aux raquettes ou feuilles de nopal qui n'ont pas été ensemencées. Si ces raquettes sont robustes, on peut suspendre des nids sur les deux faces: à défaut de canevas, on peut aussi faire des nids avec des petits sacs de papier ouverts par le haut ou bien disposés en forme de cornets.

37. Pour ne pas interrompre les différentes opérations d'ensemencement d'une nopalerie, il convient de se munir d'avance de la quantité de chiffons, épines ou épingles, morceaux de canevas ou sachets de papier dont on peut avoir besoin.

38. Lorsqu'on ensemence les nopals avec des nids, on voit souvent le couvain provenant de la nouvelle génération s'agglomérer

sur un point. Cela arrive lorsque les nids ont été placés sur des nopals de pousse récente, dont les jeunes feuilles sont encore tendres, ou bien lorsque les cochenilles-mères ont été réunies dans les nids en trop grand nombre. Pour éviter que la plante ne soit épuisée par l'effet de cette agglomération excessive d'insectes, on doit changer les nids de place ou les passer sur d'autres plantes.

39, Le même inconvénient a lieu lorqu'on laisse les cochenilles-mères faire naturellement leur ponte sur les nopals où elles ont vécu, car les jeunes insectes, avant de parvenir à la moitié de leur existence, ne trouvent plus sur la plante le suc nécessaire à leur nutrition, attendu leur grand nombre et leur agglomération sur un même point. Il arrive alors qu'ils dépérissent et meurent bientôt sur les feuilles qu'ils ont épuisées, et si, par cas, cet épuisement de la plante n'occasionne pas leur destruction complète, ces cochenilles restent petites et ne donnent naissance qu'à une faible génération.

40. Les cochenilles-mères, que l'on cueille trop tôt pour les faire servir à ensemencer de nouveaux nopals, retardent l'instant de la ponte. Lorsque ces cochenilles, réunies dans les tiroirs, ne donnent pas de couvain un ou deux jours après qu'elles ont été retirées de dessus la plante, on doit les considérer comme impropres à remplir le but auquel elles étaient destinées ; car, dans ce cas, la génération à laquelle elles donneraient naissance au bout de plusieurs jours, n'étant que le produit d'une ponte forcée, ne saurait fournir, en dernier résultat, que des insectes faibles et d'une mauvaise venue.

41. Bien que l'opération de l'ensemencement d'une nopalerie puisse avoir lieu à toute heure du jour, on doit préférer la matinée, quelques instants après le lever du soleil. La sémination au moyen des nids ne doit pas s'exécuter pendant les jours humides ou venteux, car les petits insectes, au sortir des nids pour se répandre sur la plante, peuvent périr par l'effet de la température ou être emportés par les vents. La sémination par chiffons évite ce double inconvénient.

42. En général, quelle que soit la cause qui sépare les cochenilles, grandes ou petites, de dessus les feuilles des nopals où elles se sont fixées, ces insectes meurent, faute de pouvoir se fixer de nouveau.

Des ennemis de la cochenille et des maladies du nopal.

43. Les ennemis de la cochenille sont les toiles d'araignées, tous les oiseaux insectivores et notamment les poules, ensuite les rats, les lézards et quelques autres reptiles et enfin les fourmis.

44. On finit par faire disparaître les araignées, en détruisant les toiles le plus souvent possible: on se préserve des poules. en les enfermant dans la basse-cour; on fait fuir les oiseaux en les effrayant avec des épouvantails; quant aux rats et aux reptiles, le meilleur moyen est d'empoisonner les premiers avec du fromage. ou de la farine pétrie avec de la noix vomique, et les seconds avec des morceaux de figues ou de tomates enfarinés avec de l'arsenic, et dont on fait de petites boulettes que l'on dépose au pied des nopals. Pour éloigner les fourmis, on cercle le pied de chaque plante attaquée avec une couche d'huile de ricin ou de poisson.

45. Les nopals sont souvent atteints d'une teigne produite par des gallinsectes de l'espèce des kermès, qui commencent à se montrer à la base des troncs. pour se répandre ensuite sur toute la plante; ces petits animaux ont l'apparence d'une écaille ronde, de la grosseur d'un grain de millet. un peu bombée et de couleur d'écorce: ils pullulent en quantité innombrable et leur agglomération forme sur l'épiderme des feuilles une croûte lépreuse qui nuit beaucoup à l'économie de la végétation. La rugosité qu'acquièrent les faces des raquettes. par la permanence de ce kermès parasite. empêche les cochenilles de s'y fixer.

46. Lorsque les nopals sont attaqués de cette lèpre. leurs feuilles semblent. en certains endroits, comme saupoudrées de son; on remarque aussi parmi ces agglomérations d'insectes un duvet de couleur ocreuse, entremêlé de points blancs qu'on peut confondre avec des cochenilles nouvellement écloses.

47 Le cultivateur diligent doit mettre tous ses soins à prévenir l'envahissement de ce fléau destructeur. Il convient qu'après la taille des nopals, il purge les plantes de ce kermès parasite, en faisant nettoyer les parties attaquées (surtout autour des troncs et dans l'aisselle des articulations) avec une brosse en feuilles de palmier, à brins bien serrés et dont les extrémités soient égalisées au ciseau. Il faut avoir soin de nettoyer de temps en temps la brosse, pendant l'opération, lorsqu'elle commence à s'empâter. ou bien en avoir plusieurs de rechange.

De la multiplication de la cochenille.

48. Pour multiplier plus promptement les cochenilles d'une nopalerie. le cultivateur ne doit pas se laisser entraîner à l'appât d'une récolte productive: il lui importe de ne chercher d'abord qu'à acquérir la quantité de cochenilles-mères nécessaire à la sémination de sa nopalerie. Pour cela. il faut qu'en commençant il ne

sèche aucun de ces précieux insectes et qu'il les réserve tous pour
la ponte, qui lui fournira ensuite les moyens d'ensemencer la tota-
lité de ses plants. Sans cette précaution, il s'exposera à acheter à
son voisin les cochenilles-mères dont il aura besoin pour poursuivre
l'ensemencement et à les payer beaucoup trop cher.

De certains soins à apporter dans la cueillette des cochenilles.

49. Aux îles Canaries, dans les expositions chaudes de la côte, si
ce n'était la nécessité de tailler les nopals vers le commencement
de l'hiver, après la dernière récolte des cochenilles, le produit
d'une nopalerie ne serait interrompu que le temps nécessaire au
développement des insectes, et comme il arrive que chaque fois
qu'on ceuille de la cochenille on en oublie toujours sur la plante un
certain nombre de différents âges qui donnent naissance à de nouvelles générations, on peut dire que la récolte est presque continue.

50. Toutefois, il importe au cultivateur de ne pas laisser subsister sur les plantes des cochenilles d'âges différents, parce que les
personnes qu'il emploie, ne cherchant qu'à gagner leur journée
sans s'inquiéter des intérêts, cueillent indistinctement les cochenilles parvenues à un tiers de leur développement et celles qui
sont arrivées au dernier terme de leur existence. Il résulte de
ce mélange d'insectes une qualité de cochenille inférieure dont on
ne saurait obtenir à la vente un prix avantageux, à cause de l'iné-
galité de grosseur et du mauvais aspect qu'elle présente.

Des différentes qualités de cochenilles connues dans le commerce.

51. Il est des préjugés commerciaux qui, en accréditant sur
certains marchés des qualités de cochenilles réputées supérieures,
ont imposé aux cultivateurs l'obligation de fournir des produits qui
répondent aux exigences du spéculateur. Ainsi, l'on distingue dans
le commerce deux espèces de cochenilles fines, la noire ou *zacatillo*,
qui est celle qui a pondu ou dont on s'est servi pour la sémination,
et la blanche ou l'argentée, *plateada*, c'est-à-dire celle qu'on a
étouffée avant de la sécher. Cette dernière a plus de poids, mais
l'autre a plus de valeur, car elle renferme, en proportion, plus
de partie colorante ; le cultivateur doit la séparer, s'il veut mettre
à profit les avantages qu'il peut en retirer à la vente.

52. Pour satisfaire les préférences du commerce, suivant les
marchés, on peut, au besoin, donner l'aspect de la cochenille noire à

la blanche ou argentée. A cet effet on nettoie d'abord la cochenille sèche en la tamisant et en la faisant passer successivement par deux cribles en fer-blanc dont les trous offrent ces deux dimensions : n° 1 ○. n° 2 ◉. Au moyen du premier (n° 1). on la nettoie de la poussière blanche avec laquelle elle est mêlée : le second (n° 2) sert à faire passer les cochenilles les plus petites. qu'on vend dans le commerce sous le nom de *granilla*, et la bonne cochenille blanche et argentée, avec laquelle on obtient la qualité noire ou *zacatillo*. reste dans le tamis.

53. On prend ensuite à la fois quatre ou cinq kilos de cochenille argentée et bien sèche, qu'on renferme dans un sac de toile un peu claire et capable d'en contenir plus de vingt-cinq kilos. On ferme le sac en l'attachant par l'ouverture. et deux hommes l'agitent à plusieurs reprises en le prenant par les deux bouts. mais de manière que les cochenilles parcourent le sac d'une extrémité à l'autre. Ils recommencent cette opération plusieurs fois, jusqu'à ce qu'ils jugent que la cochenille a perdu toute la poussière glauque ou bourre cotonneuse qui la couvrait, et ils la retirent ensuite pour la passer dans le crible n° 1. Elle a acquis alors ce lustre noirâtre exigé sur le marché de Londres et qui pourtant la discréditerait sur celui de Marseille ou de Cadix.

BERTHELOT.

www.ingramcontent.com/pod-product-compliance
Lightning Source LLC
LaVergne TN
LVHW010123060726
842524LV00005B/1702